So übst du mit diesem Heft:

Lies zuerst allein oder mit jemandem zusammen diese beiden Seiten.
Dann kann deine Geometrie-Übung starten!

Merke dir:

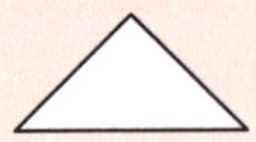

das Dreieck

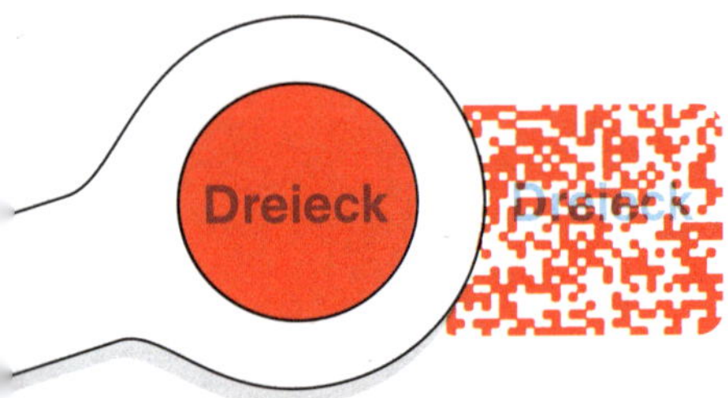

- Löse die Aufgaben auf der Doppelseite. Frage jemanden, wenn du etwas nicht verstehst.
- In den Merkkästen findest du wichtige Infos. Diese solltest du dir einprägen.
- Deine Lösungen kannst du mit der Lupe überprüfen. Fahre dazu mit der Lupe über das rote Feld. Berichtige deine Antwort, wenn nötig.
- Bei 7 Seiten darfst du einen Lösungs-Sticker einkleben. Du entdeckst sicher schnell, welche Aufgaben das betrifft!

Symbolerklärung:

- Zusatzaufgabe
- Bearbeite oder vergleiche die Aufgabe mit einem Partner oder einer Partnerin.
- Nutze für die Aufgaben ein Lineal.

- Mit den Sternchen-Aufgaben kannst du zusätzlich üben und Geometrie erforschen. Hier ist nur ein Mal die Lösung angegeben. Sonst ist keine Lösung nötig. Du kannst natürlich trotzdem mit jemandem über die Aufgaben sprechen und dein Ergebnis vergleichen.

Erfinde ein e
Rätsel zur G

- Am Ende des Heftes findest du Bastelvorlagen für die geometrischen Körper. Du findest im Heft einen Hinweis, wann du am besten bastelst.

- Beurteile nach jeder Doppelseite deine Leistung. Klebe den Sticker entsprechend auf.

- Wenn du alle Seiten gelöst hast, bist du ein Geometrie-Profi!
Du erhältst eine Urkunde → Seite 47.

Vorübung: Nachspuren und ausmalen

1 | Spure nach.

2| Male aus.

Richtig klasse!	Gut!	Könnte besser sein!

Lagebeziehungen: oben, unten, Mitte

1| Male aus: A| oben B| unten

A| 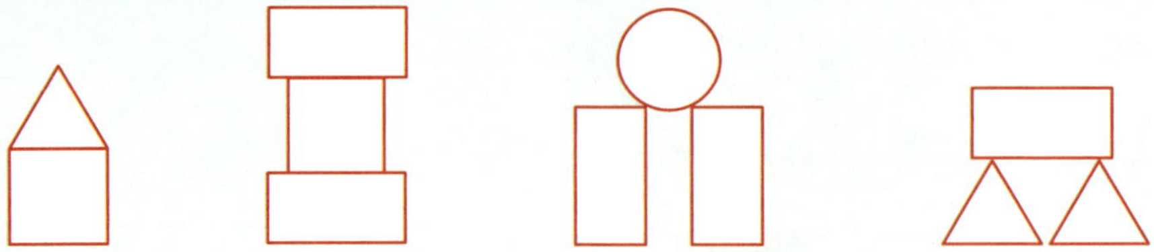

B| 

Merke dir:

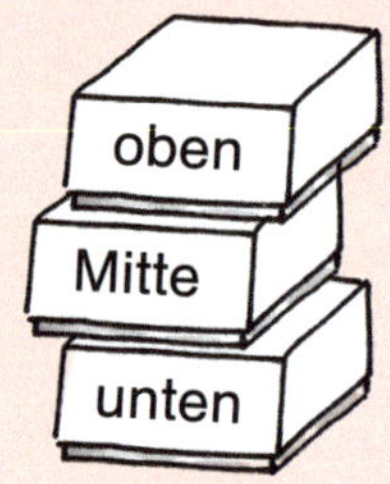

2| Male die Mitte aus.

A| 

B| 

F| 

C| 

D| 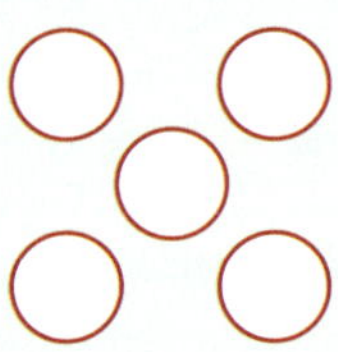

G| 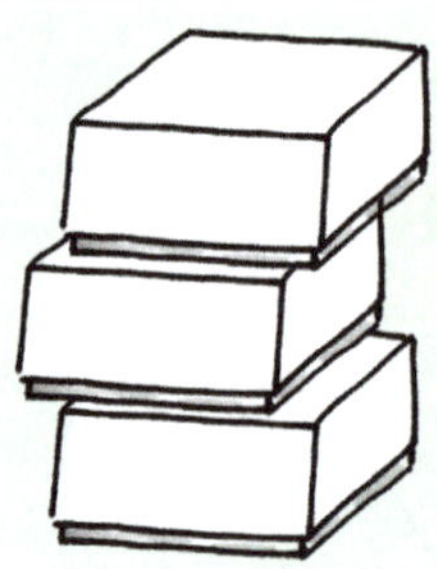

H| 

E| 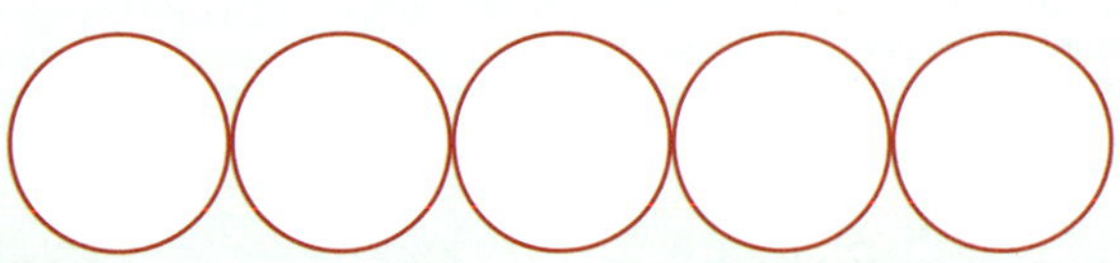

Wer wohnt oben, in der Mitte und unten?
Sprich mit einem Partner oder einer Partnerin darüber.

Lösungen

1| A| 

B| 

2| A| 

B| 

C| 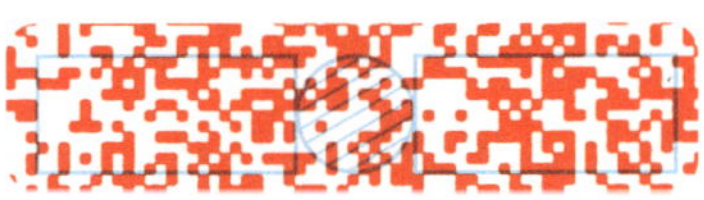

D| 

E| 

F| Der innerste Kreis ist ausgemalt.

G| 

H| 

Richtig klasse!

Gut!

Könnte besser sein!

Lagebeziehungen: rechts und links

1| Rechts (r) oder links (l)? Trage ein.

2| Rechts (r) oder links (l)? Trage ein.

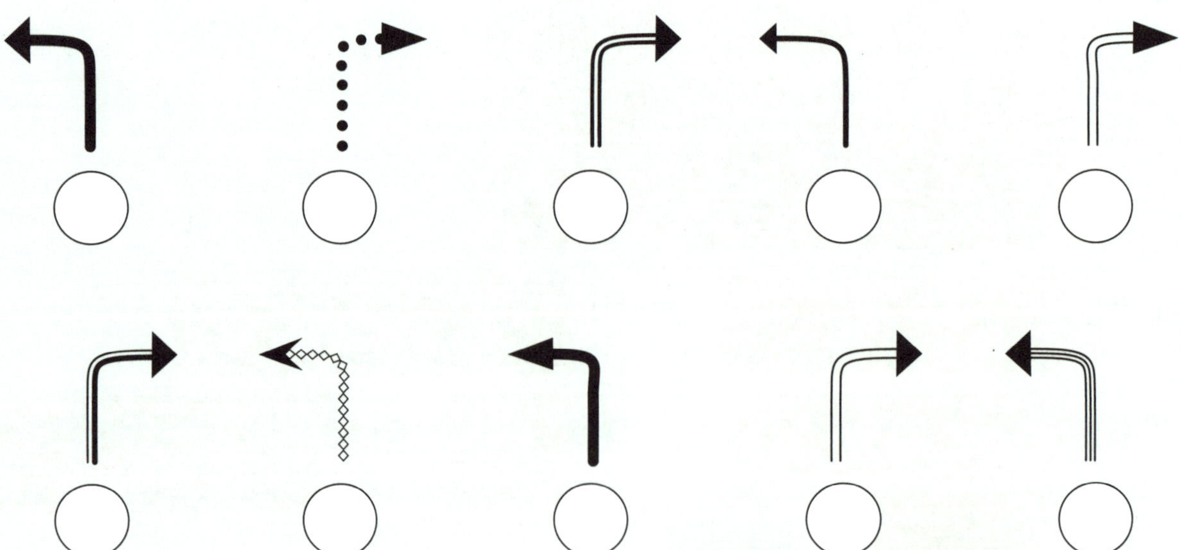

Rechts (r), links (l) oder geradeaus (g)?
Notiere verschiedene Wege.

g - l - g

Lösungen

1|

2|

Richtig klasse!

Gut!

Könnte besser sein!

Flächen erkennen

1| Welche Form ist es? Trage ein.

A B C D

2| Spure nach. Zähle jeweils und schreibe auf.

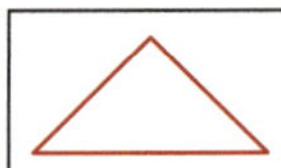			

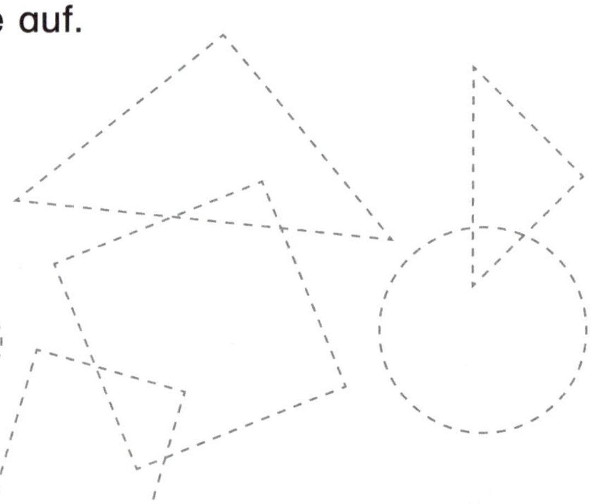

Merke dir:

Das sind Flächen:

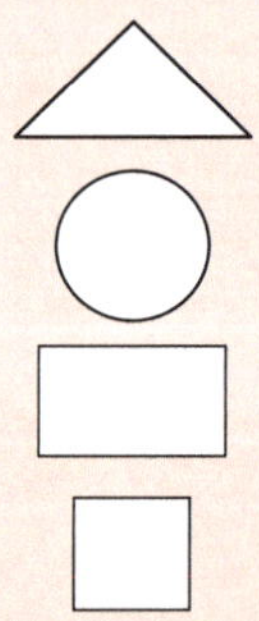

das Dreieck

der Kreis

das Rechteck

das Quadrat

Zeichne mit diesen Bausteinen verschiedene Flächen.
Du kannst auch Körper basteln. Ab Seite 47 findest du die Vorlagen.

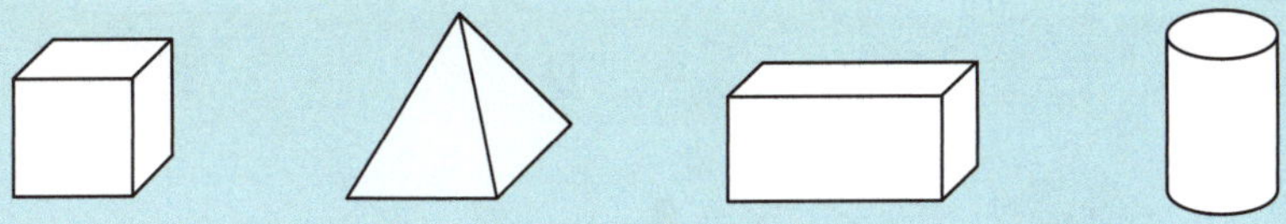

Lösungen

1|

2|

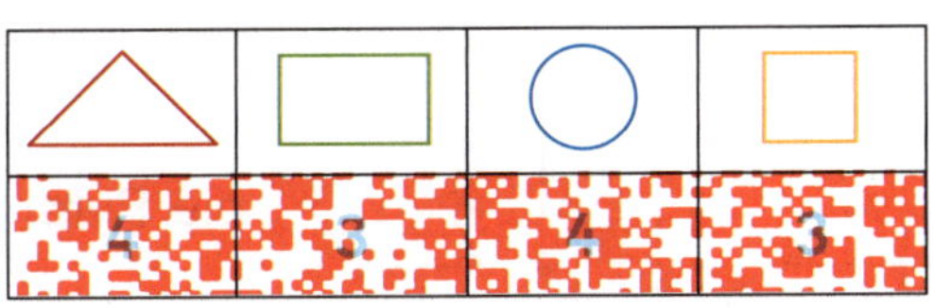

Richtig klasse! | Gut! | Könnte besser sein!

Körper erkennen

1| Welcher Körper ist es? Trage ein.

2| Male die Körper wie vorgegeben farbig aus.
Wie oft kommt jeder Körper vor? Trage die Anzahl ein.

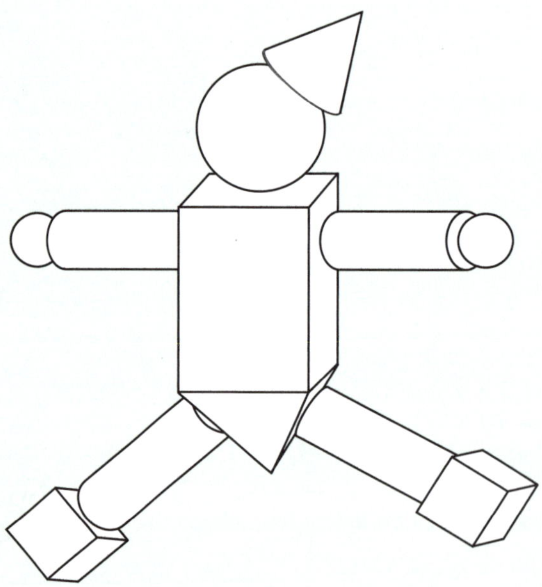

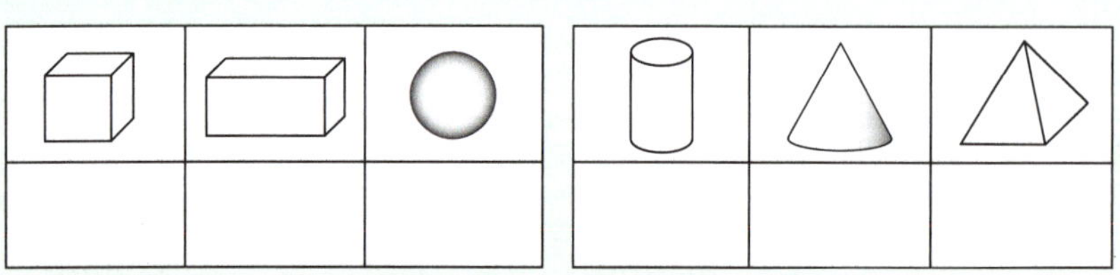

Merke dir:

Das sind Körper:

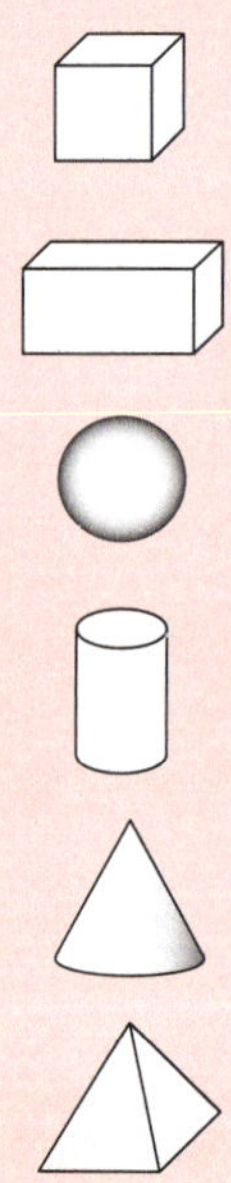

- der Würfel
- der Quader
- die Kugel
- der Zylinder
- der Kegel
- die Pyramide

Welche geometrischen Körper entdeckst du in der Schule oder zu Hause? Schreibe auf.

Lösungen

1 | 

2 | 

Richtig klasse!

Gut!

Könnte besser sein!

Flächen und Körper bestimmen

1 | Ordne den Flächen die Begriffe zu.

Dreieck Quadrat Rechteck Kreis

2 | Ordne den Körpern die Begriffe zu.

Würfel Pyramide Kegel Zylinder Kugel Quader

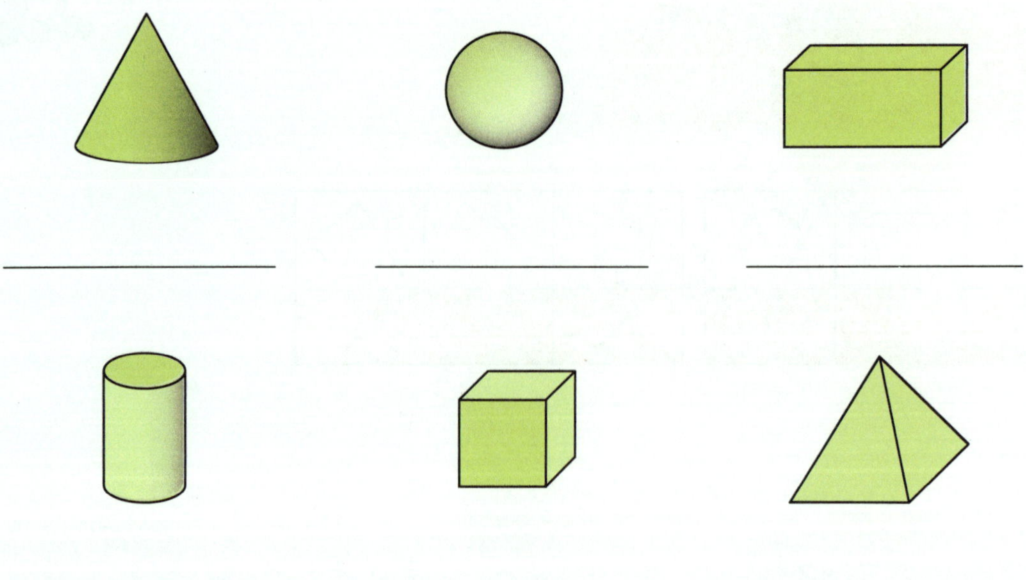

Welche geometrischen Körper sind hier versteckt? Schreibe auf.

Lösungen

1| Dreieck Kreis Quadrat Rechteck
Kreis Rechteck Dreieck Quadrat

2| Kegel Kugel Quader
Zylinder Würfel Pyramide

Richtig klasse!

Gut!

Könnte besser sein!

1| Wie viele Würfel sind es? Trage ein.

A  ☐

B 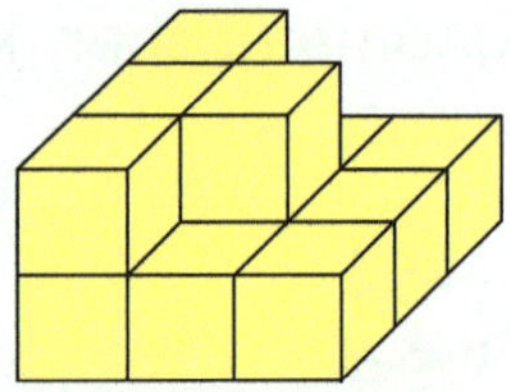 ☐

C 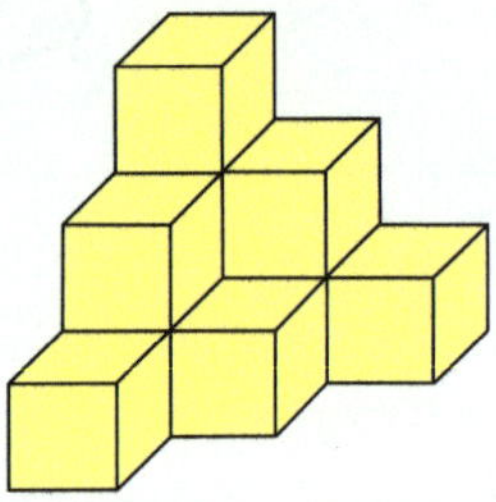 ☐

D 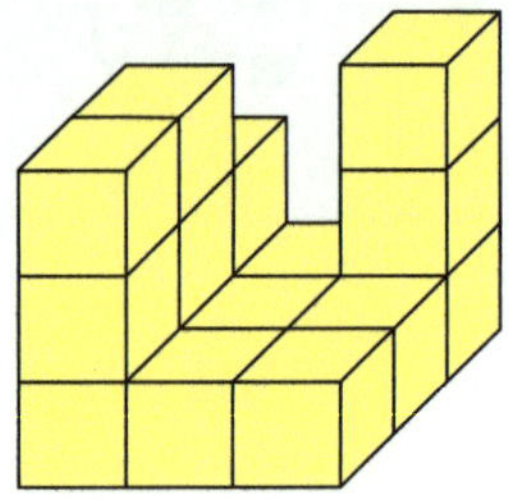 ☐

E 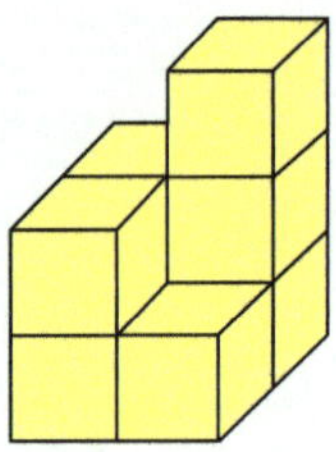 ☐

Merke dir:

Der Bauplan zeigt, wie viele Würfel übereinander liegen.

2	1	1
1	1	1
1		

2| Schreibe die Baupläne.

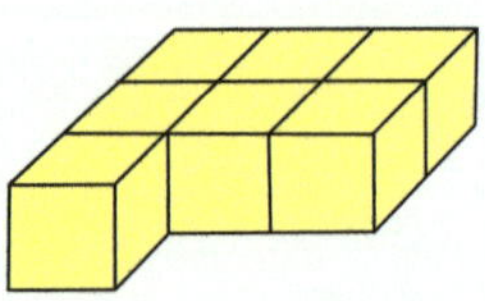

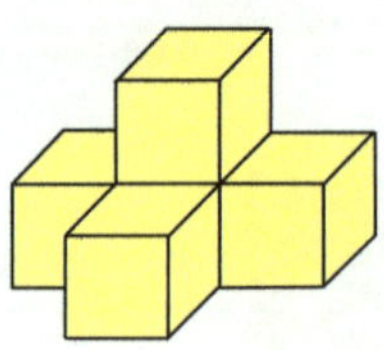

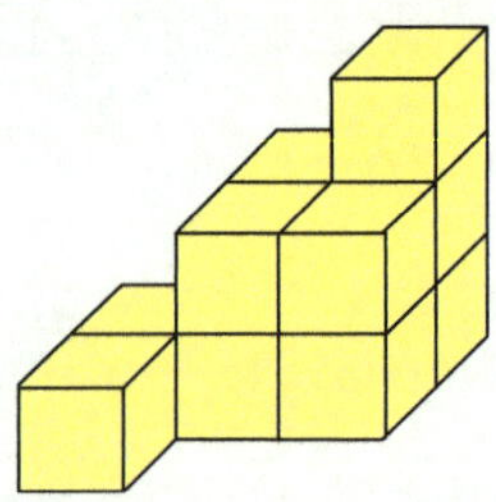

Baue die Würfelgebäude mit Bausteinen nach.
Wie viele Würfel brauchst du jeweils? Schreibe auf.

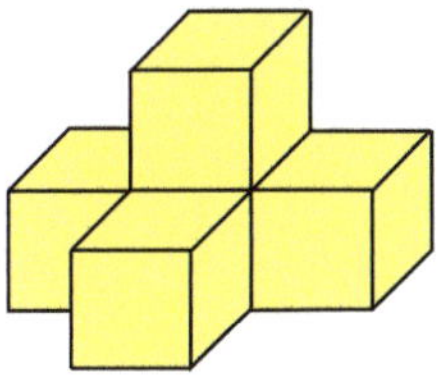

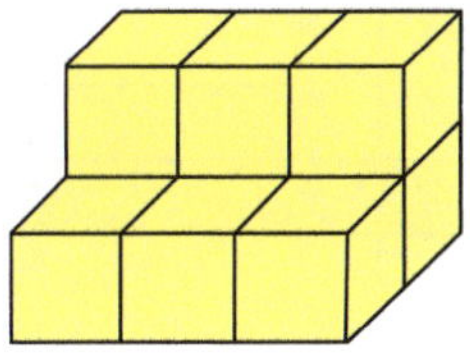

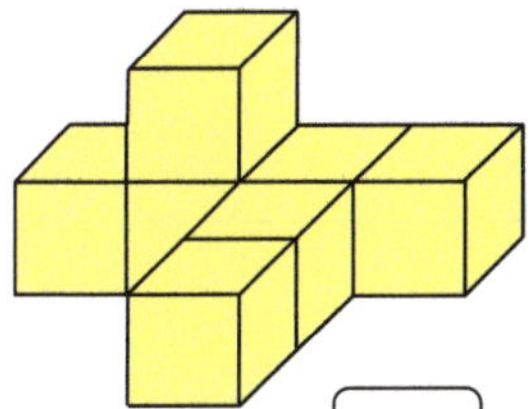

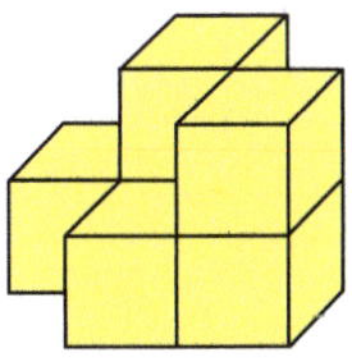

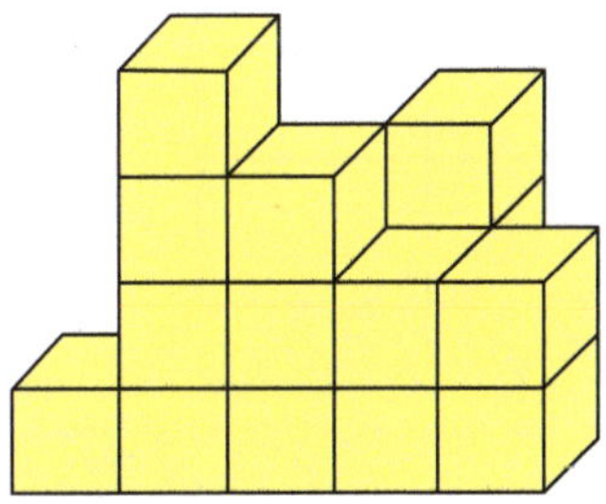

Lösungen

1| A [illegible] B [illegible] C [illegible] D [illegible] E [illegible]

2| [illegible]

[illegible]

Richtig klasse!

Gut!

Könnte besser sein!

Geoburgen

1| Welche Körper kannst du in den Geoburgen entdecken?
Wie oft kommen diese Körper vor? Schreibe auf.

A

Körper	Anzahl

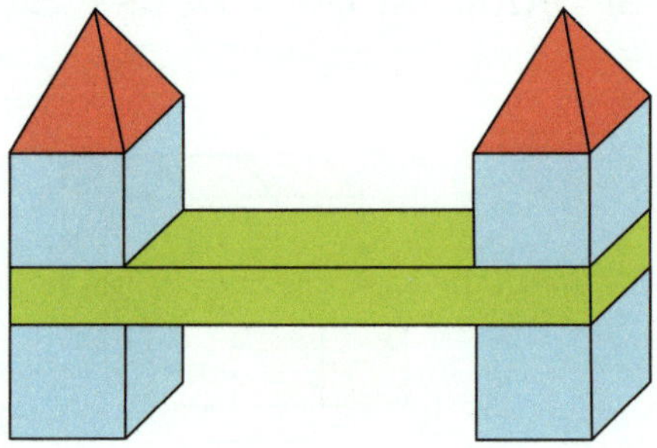

B

Körper	Anzahl

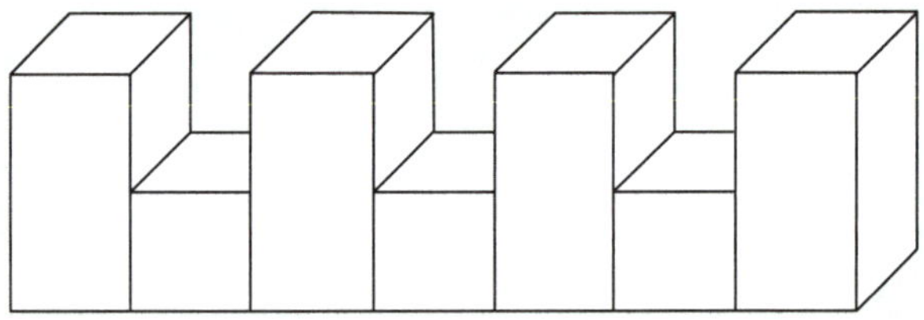

C

Körper	Anzahl

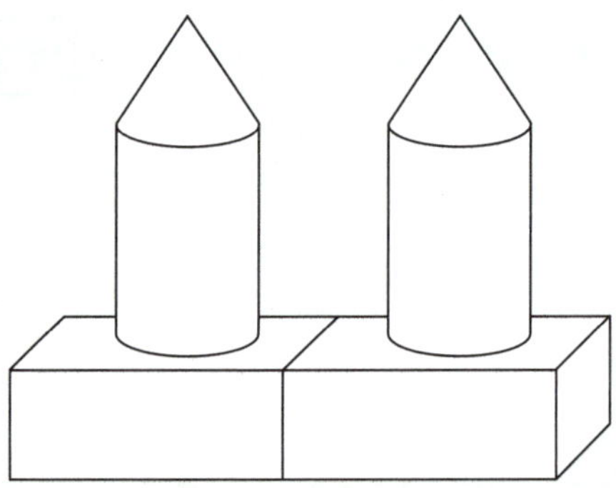

2| Löse das Rätsel.

Du hast einen Quader, einen Würfel und einen Zylinder. Welche Körper fehlen noch, um die Geoburg nachzubauen?

Erfinde ein eigenes Rätsel zur Geoburg. Schreibe es auf und lasse deinen Partner oder deine Partnerin raten.

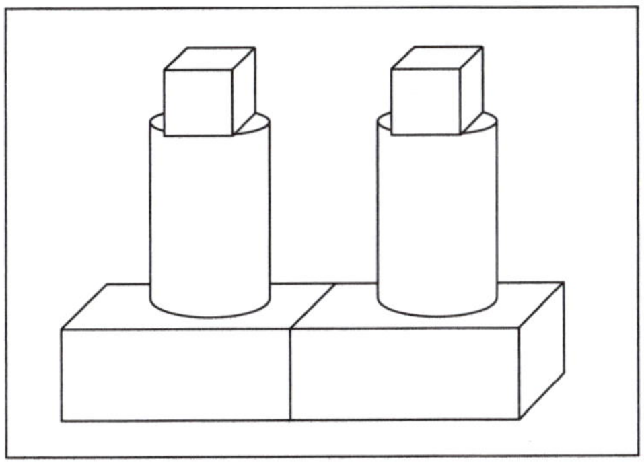

Lösungen

1| A

Körper	Anzahl
Pyramide	2
Würfel	4
Quader	1

B

Körper	Anzahl
Quader	4
Würfel	3

C

Körper	Anzahl
Zylinder	2
Kegel	2
Quader	2

2| Quader, Pyramide

Richtig klasse! | Gut! | Könnte besser sein!

Eigenschaften von Flächen und Körpern

1| Wie viele Ecken und Kanten haben die Flächen?
Trage ein.

	Name der Fläche	Anzahl der Ecken	Anzahl der Kanten

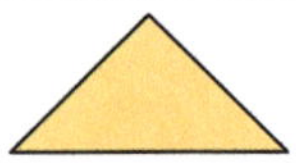			

2| Wie viele Ecken, Kanten und Flächen haben die Körper?
Trage ein.

Quader

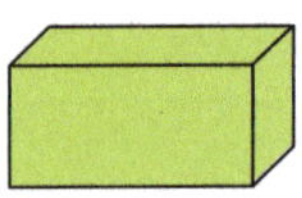

_____ Flächen

_____ Ecken

_____ Kanten

Würfel

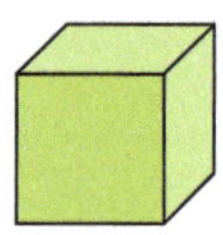

_____ Flächen

_____ Ecken

_____ Kanten

Kegel

_____ Flächen

_____ Ecken

_____ Kanten

Zylinder

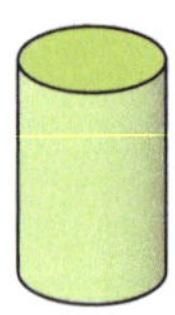

_____ Flächen

_____ Ecken

_____ Kanten

Pyramide

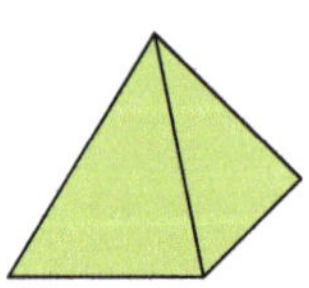

_____ Flächen

_____ Ecken

_____ Kanten

Merke dir:

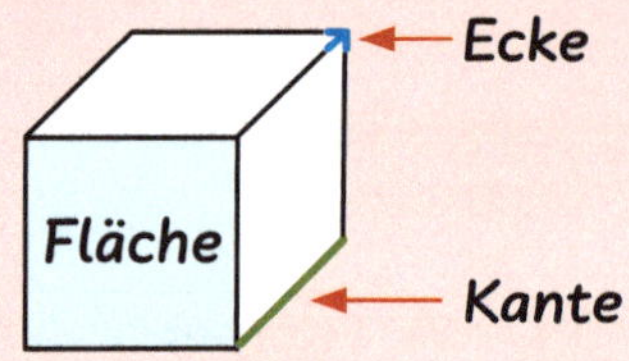

Nimm eine Pyramide und einen Kegel. Sie dir die Körper genau an.
Überprüfe die Anzahl an Flächen, Ecken und Kanten.
Was stellst du fest? Schreibe auf.

Lösungen

1 |

	Name der Fläche	Anzahl der Ecken	Anzahl der Kanten
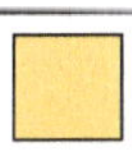	Quadrat	4	4
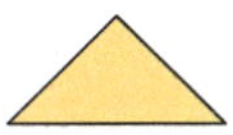	Dreieck	3	3
	Rechteck	4	4

2 |

Quader
6 Flächen
8 Ecken
12 Kanten

Würfel
6 Flächen
8 Ecken
12 Kanten

Kegel
2 Flächen
1 Ecken
1 Kanten

Zylinder
3 Flächen
0 Ecken
2 Kanten

Pyramide
5 Flächen
5 Ecken
8 Kanten

Richtig klasse! | *Gut!* | *Könnte besser sein!*

Ansichten von Körpern

1 | Welche Ansicht ist es? Schreibe auf: oben, vorn, rechts oder links.

A |

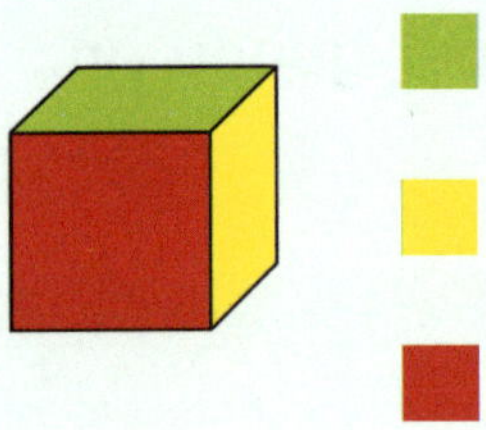

oben

B |

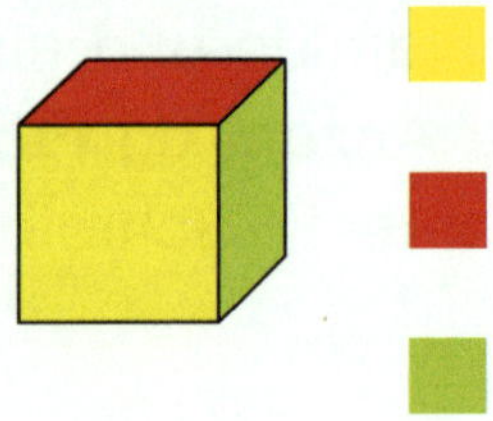

C |

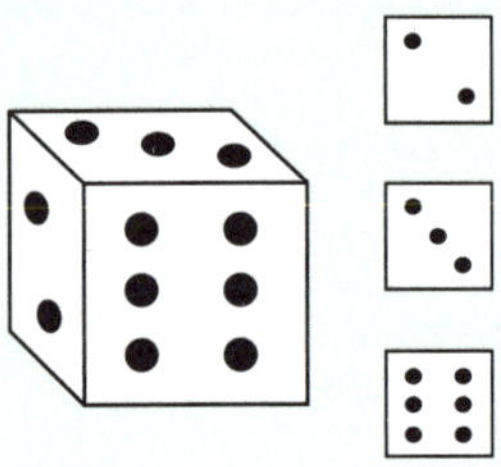

D |

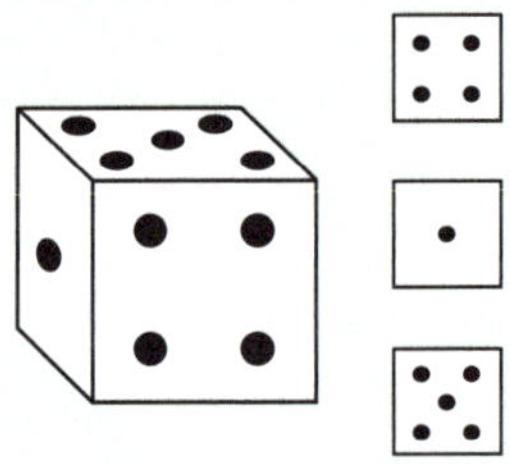

2 | Du siehst Körper von oben abgebildet.
Welche Körper können es sein? Liste alle auf.

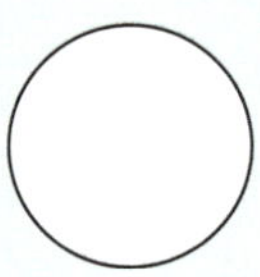

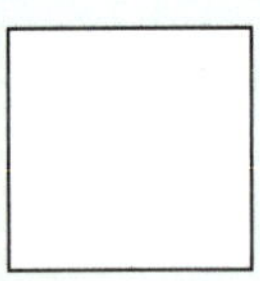

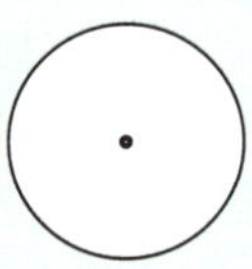

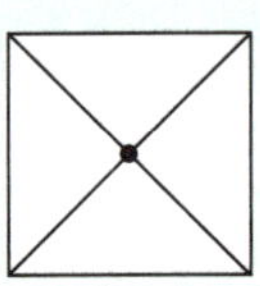

Fotografiere einen Gegenstand von verschiedenen Seiten.
Du kannst die Fotos ausdrucken und hier einkleben.
Du kannst auch Bilder von Häusern in Zeitungen, Zeitschriften oder dem Internet suchen und einkleben.
Vielleicht findest du Luftaufnahmen von Landschaften?!

Lösungen

1| A| oben, rechts, vorn B| vorn, oben, rechts C| links, oben, vorn D| vorn, links, oben

2| Kugel, Zylinder
Würfel, Quader
Kegel
Pyramide

Richtig klasse! Gut! Könnte besser sein!

Flächen zerlegen

1| Aus wie vielen solchen Quadraten 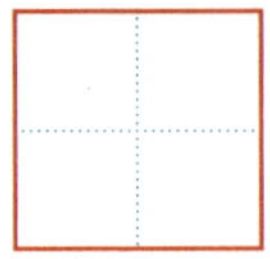 bestehen die Figuren?
Zeichne die Quadrate ein.

	A	B	C	D	E	F
Quadrate	1					

2| Die Sätze beziehen sich auf Aufgabe 1. Ergänze sie.

- Fläche ______ besteht aus den meisten Quadraten.
- Fläche ______ besteht aus den wenigsten Quadraten.
- Die Fläche mit den meisten Quadraten ist am ________________.
- Die Fläche mit den wenigsten Quadraten ist am ________________.

Zeichne 3 eigene Flächen aus Quadraten.

Lösungen

1| Klasse! Klebe den Lösungs-Sticker ein und kontrolliere dich selbst.

Lösungs-Sticker

1

	A	B	C	D	E	F
Quadrate	1	4	3	6	5	8

2|
- Fläche F ...
- Fläche A ...
- ... am GRÖSSTEN.
- ... am KLEINSTEN.

Richtig klasse!

Gut!

Könnte besser sein!

Geraden

1 | Spure die Geraden nach.

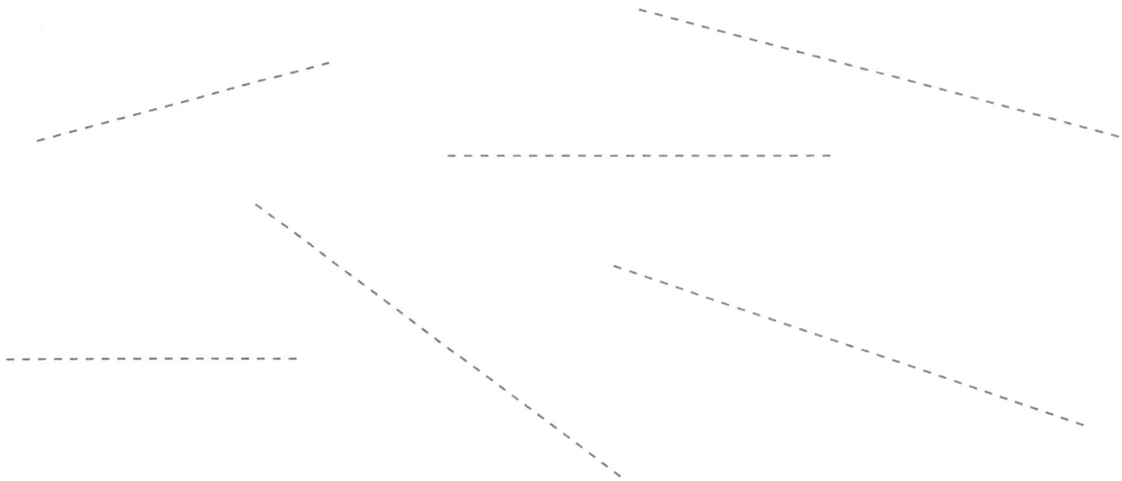

2 | Zeichne Geraden durch die gleichfarbigen Punkte ein.

A

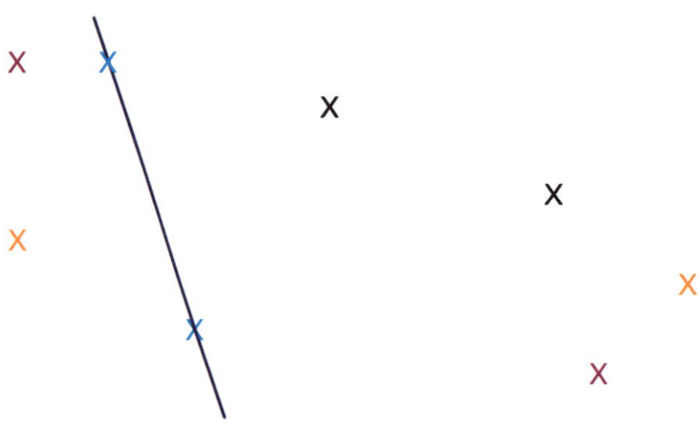

B

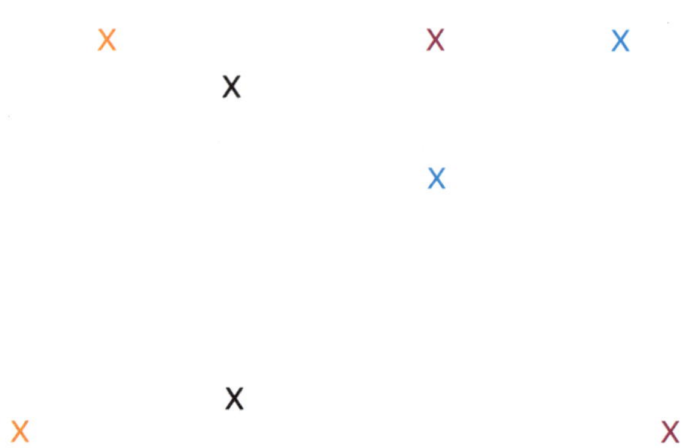

Merke dir:

Geraden sind gerade Linien. Sie haben keinen Anfang und kein Ende.

Zeichne viele Geraden durch die Punkte ein.

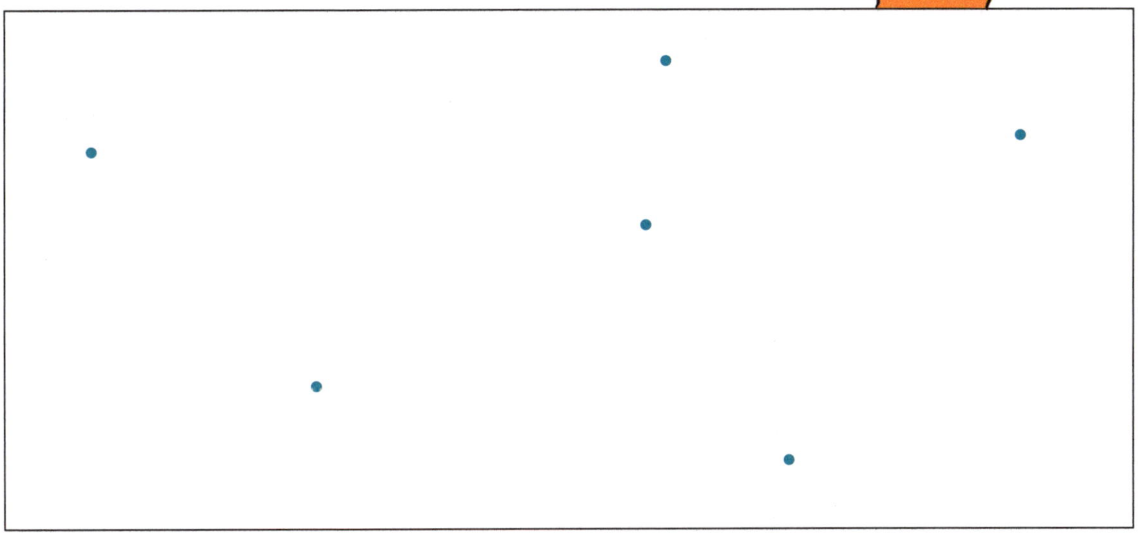

Lösungen

2| A|

B|

Richtig klasse!

Gut!

Könnte besser sein!

1| Ordne die Strecken der Länge nach. Beginne mit der kürzesten.

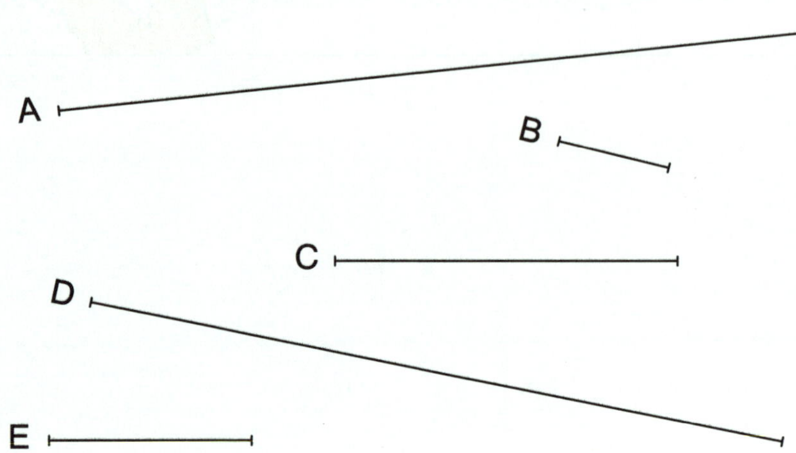

Merke dir:

Strecken sind gerade Linien zwischen zwei Punkten. Sie haben also einen Anfangs- und Endpunkt.

Von kurz nach lang:

2| Zeichne Strecken.
Verbinde dazu die Zahlen in der richtigen Reihenfolge.
Welches Tier entsteht?
Schreibe auf.

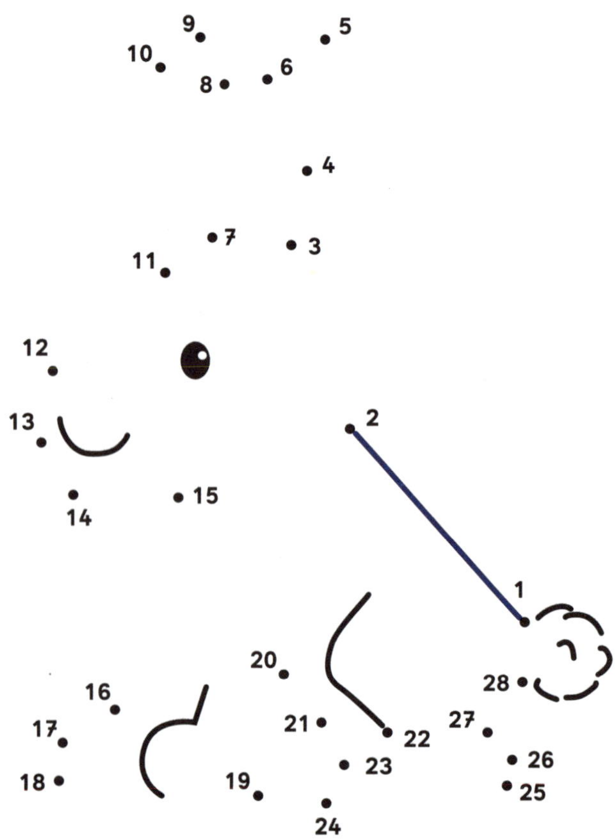

1

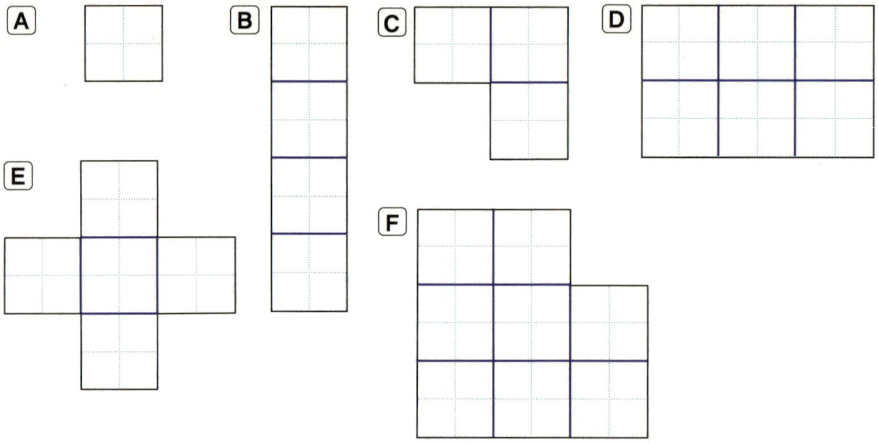

2

7

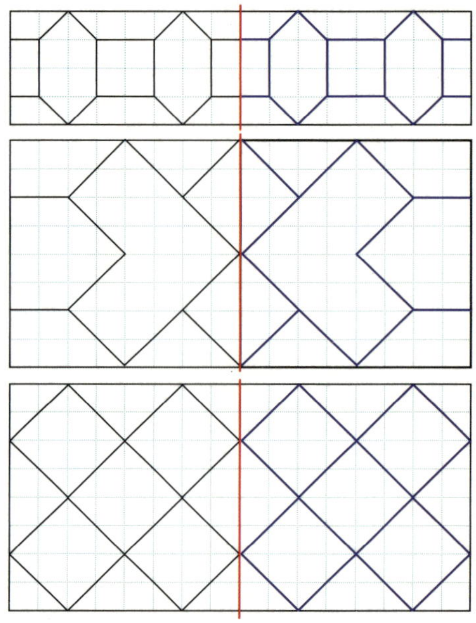

3

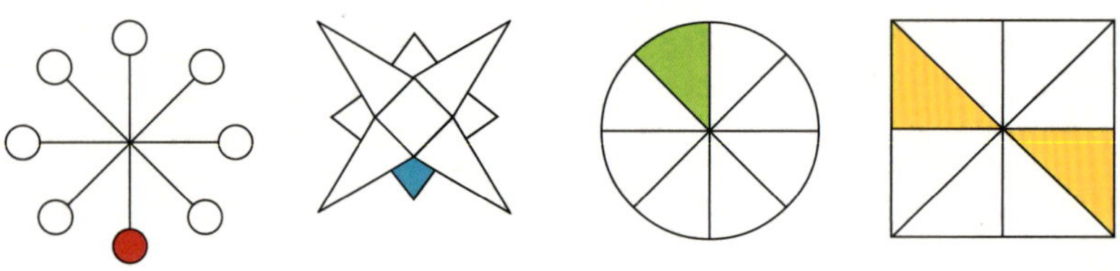

Nur für dich: 3 Mathe-Maus-Sticker extra! Viel Freude beim Aufkleben!

Stickerbogen No 246 08

4

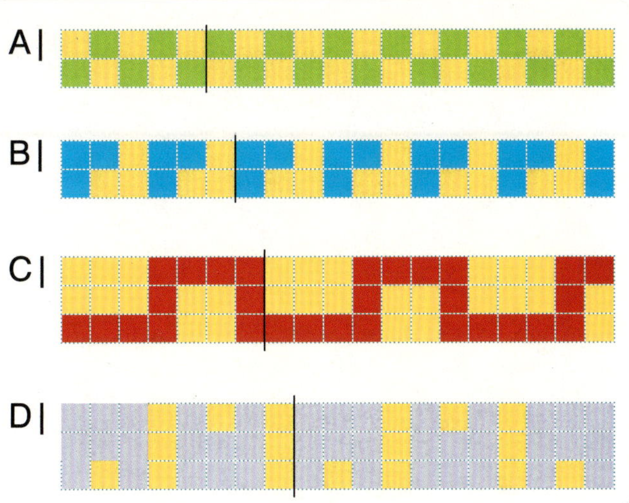

5

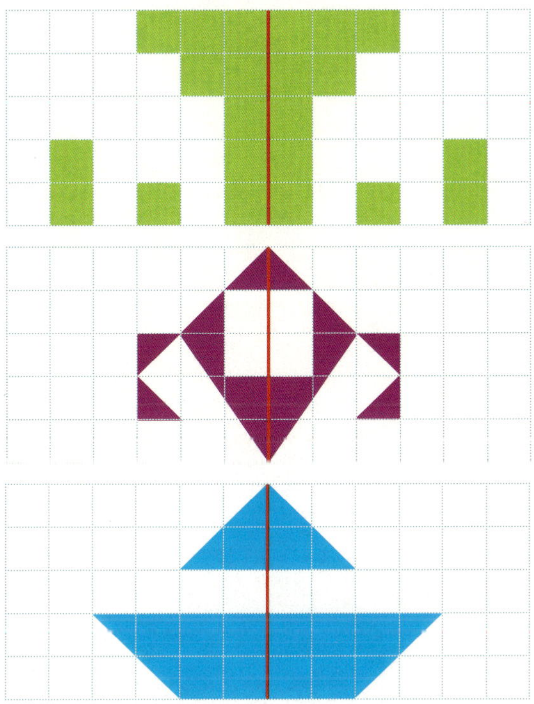

6

Zeichne kurze und lange Strecken.
Kann ein Partner oder eine Partnerin die Länge messen?

Lösungen

1| B E R D A

2| 

Hase oder Kaninchen

Richtig klasse!	Gut!	Könnte besser sein!

Muster erkennen 1

1| Setze fort. Du kannst ohne Lineal malen.

A| 

B| 

C| 

D| 

E| 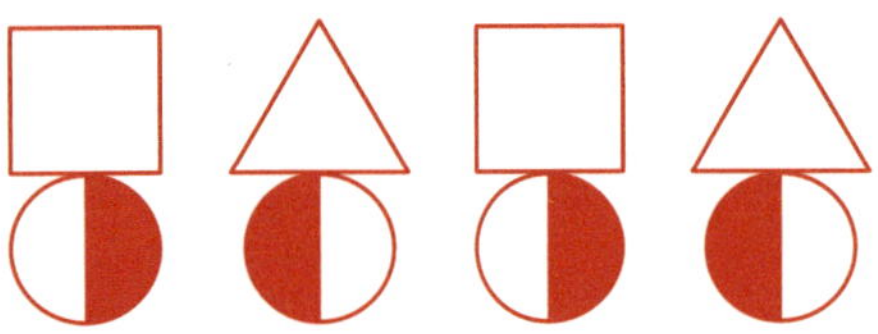

2| Kreise die Fehler ein.

A| 

B| 

C| 

Zeichne eigene Muster mit: ▲ ● ■ ▬

Lösungen

1| Das hast du bestimmt toll gemacht! Klebe den Lösungs-Sticker auf. Stimmt alles mit deiner Lösung überein?

Lösungs-Sticker

2

2| Die Fehlerstellen sind:
A) Das rote Dreieck an 7. Stelle.
B) Das untere Rechteck an 10. Stelle.
C) Das grüne Quadrat an 7. Stelle.

Richtig klasse! | Gut! | Könnte besser sein!

Muster erkennen 2

1| Male die nächste Figur entsprechend des Musters aus.

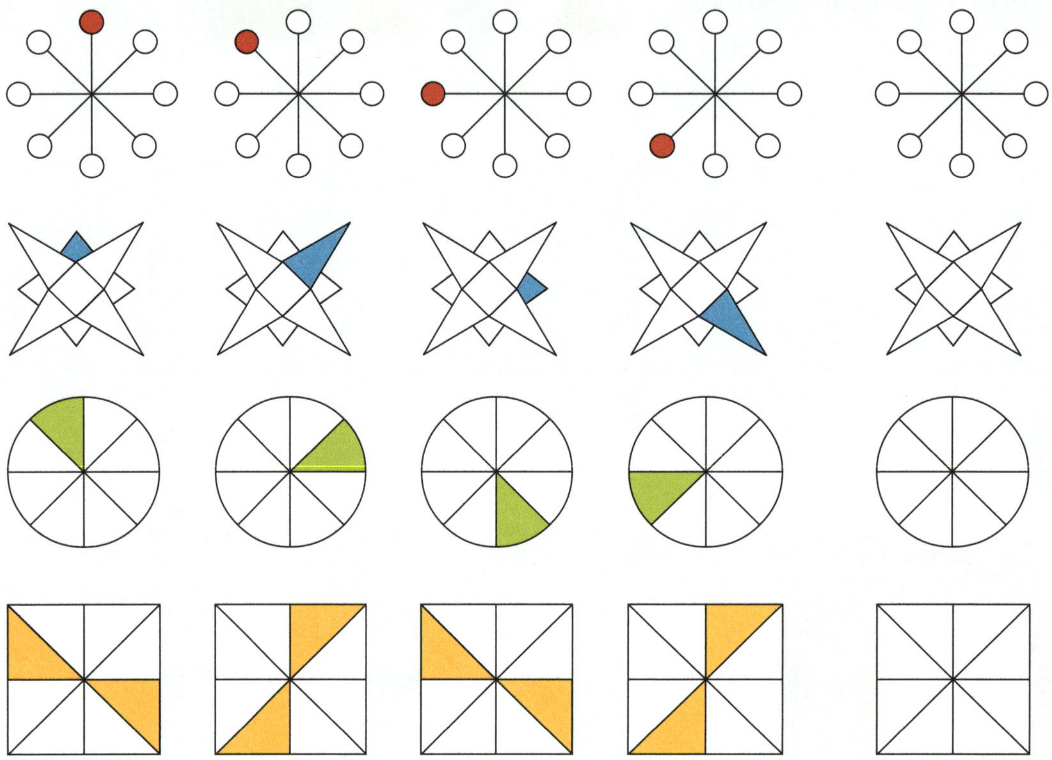

2| In den Mustern befindet sich ein Fehler.
Male die Fehlerstelle aus.

Gib eigene Muster vor. Lasse einen Partner oder eine Partnerin die letzte Figur entsprechend ausmalen.

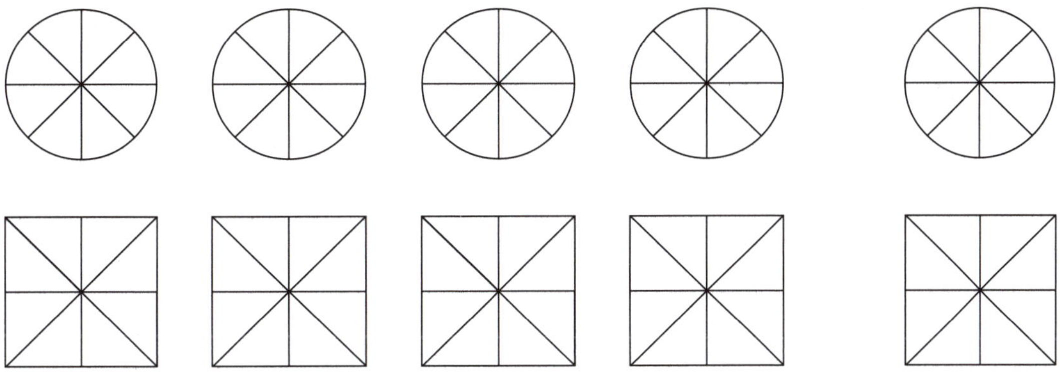

Lösungen

1 |

Lösungs-Sticker

3

2 |

Richtig klasse!

Gut!

Könnte besser sein!

Geobrett: Figuren zeichnen

1| Zeichne die Figuren nach.

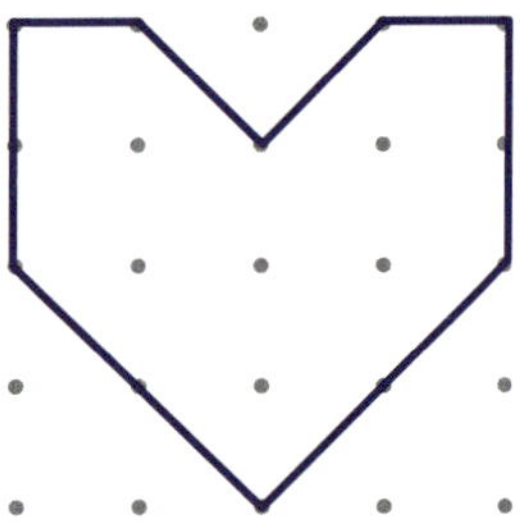

2| Zeichne 3 eigene Figuren.

Spanne die Figuren am Geobrett nach.

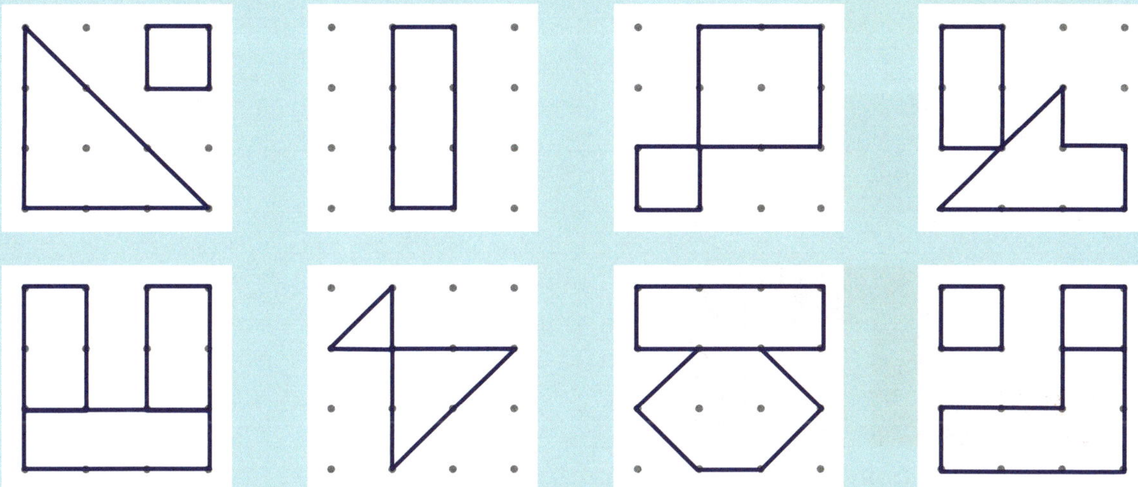

Lösungen

1|

2| Das hast du bestimmt toll gemacht!

Richtig klasse! | Gut! | Könnte besser sein!

1| Setze fort.

A| 

B| 

C| 

D| 

2| Zeichne nach.

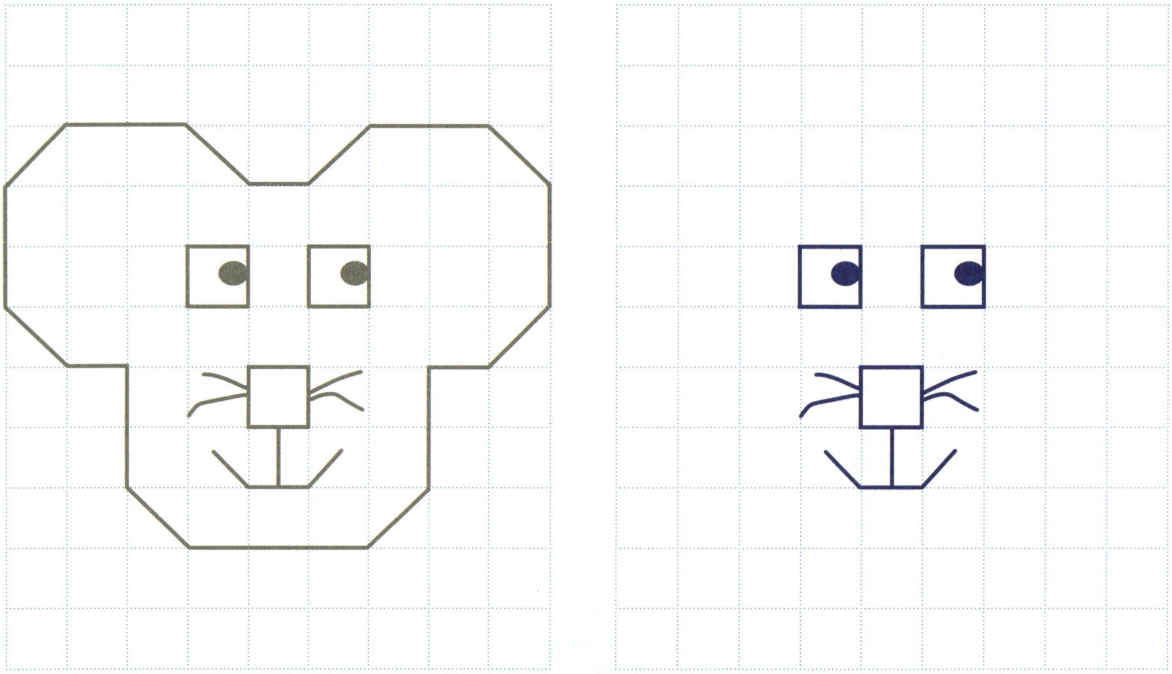

Denke dir eine eigene Figur aus.
Lasse einen Partner oder eine Partnerin nachzeichnen.

Lösungen

1 | Toll! Klebe den Lösungs-Sticker ein. Stimmt alles mit deiner Lösung überein?

Lösungs-Sticker

4

2 | Vergleiche mit der linken Maus. Du kannst auch mit einem Partner oder einer Partnerin kontrollieren!

Richtig klasse! | Gut! | Könnte besser sein!

Spiegelbilder 1

1 | Zeichne das Spiegelbild. Kontrolliere mit dem Spiegel.

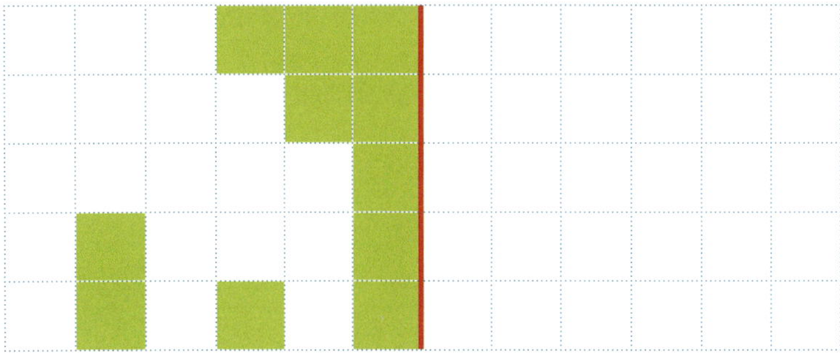

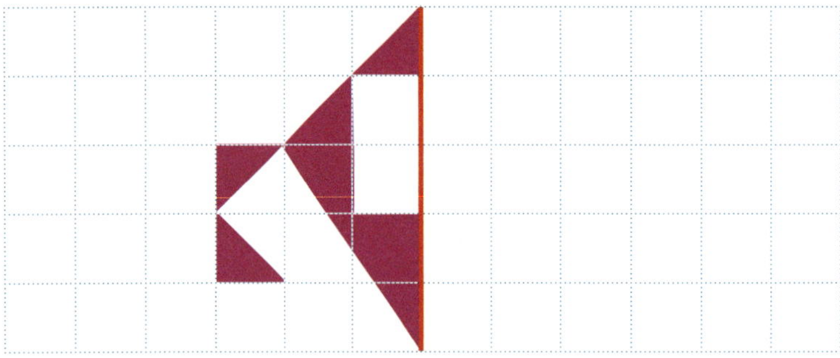

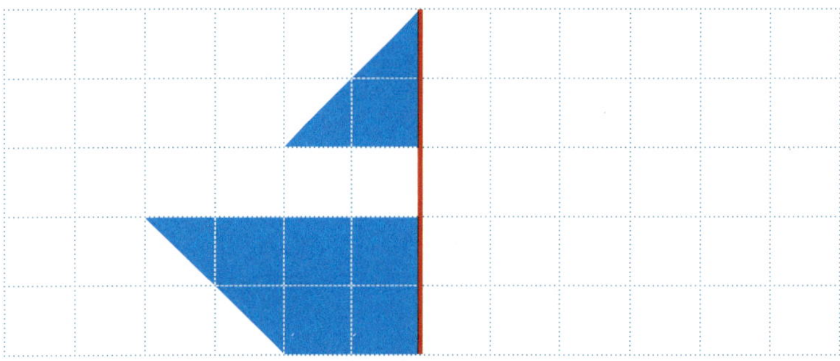

Merke dir:

An der **Spiegelachse** entsteht das **Spiegelbild**, d. h. die Figuren sehen spiegelbildlich (gleich) aus.

2 | Verbinde mit dem Spiegelbild. Trage die Zahl ein.

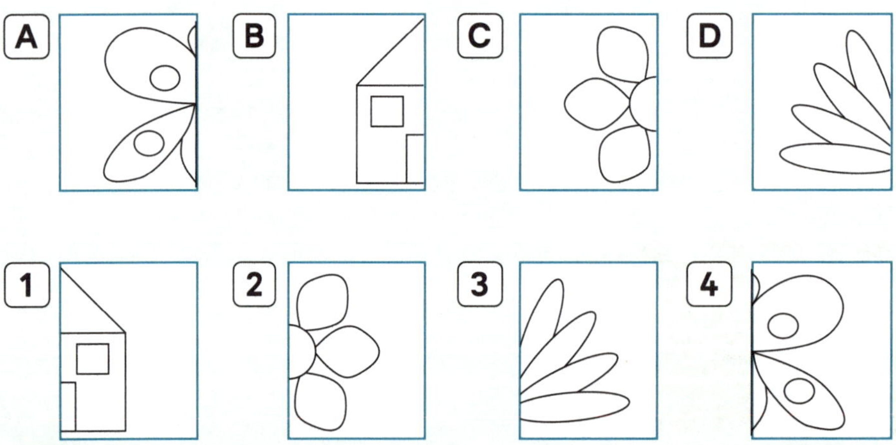

A	
B	
C	
D	

Stelle Faltbilder her.

Lösungen

1| Wie hat das geklappt? Klebe den Lösungs-Sticker auf und kontrolliere!

Lösungs-Sticker

5

2|

A

B

C

D

Richtig klasse!

Gut!

Könnte besser sein!

Spiegelbilder 2

1 | Welche Bilder sind symmetrisch? Kreuze an.
Du kannst mit einem Spiegel überprüfen.

A |

B |

C |

2 | Zeichne die Spiegelachsen ein.

Merke dir:

Symmetrisch bedeutet, dass ein Bild an der Spiegelachse gespiegelt wird und somit gleich aussieht.

Zeichne 2 symmetrische Figuren. Lasse von einem Partner oder einer Partnerin die Spiegelachsen einzeichnen.

Lösungen

1| A| B| C|

2| Hast du die Spiegelachsen richtig eingezeichnet? Klebe den Lösungs-Sticker auf und vergleiche!

Lösungs-Sticker

6

Richtig klasse! *Gut!* *Könnte besser sein!*

Spiegelbilder 3

1 | Ergänze die Muster spiegelbildlich. Kontrolliere mit einem Spiegel.

A

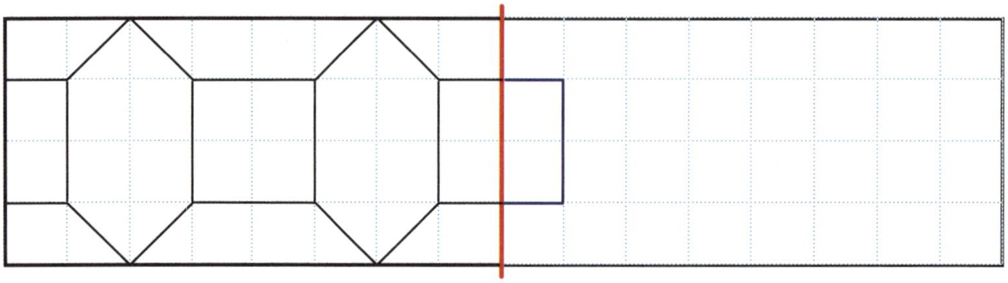

B

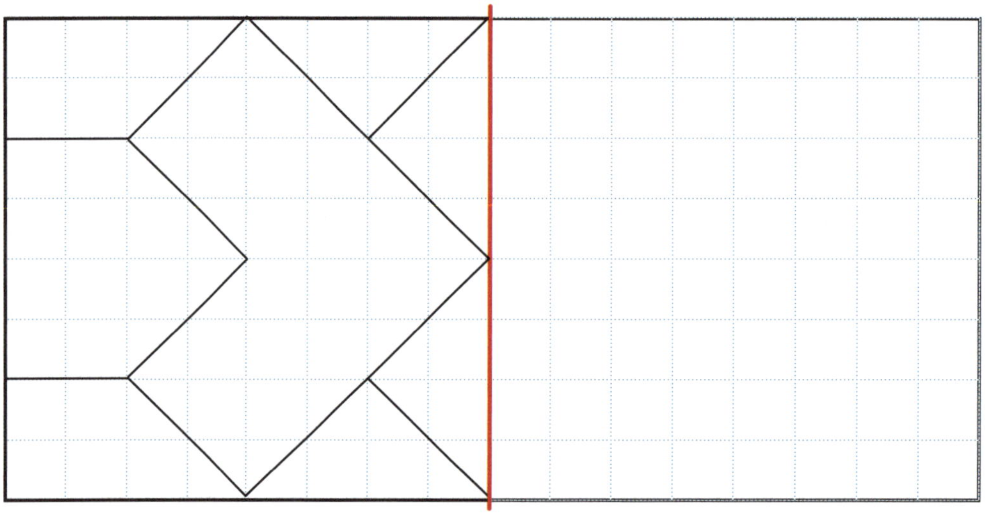

C

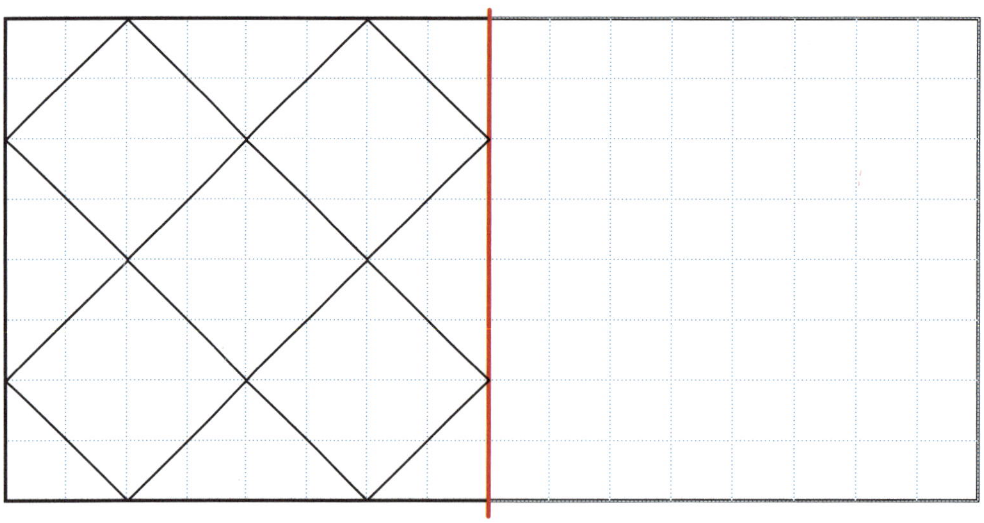

2 | Welches Spiegelbild passt? Kreuze an.

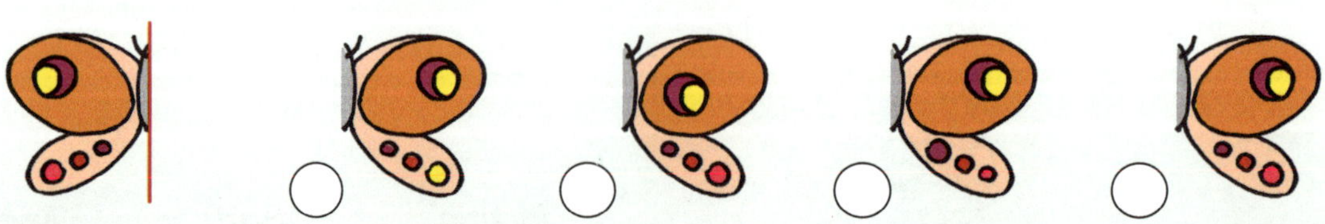

Zeichne die Hälfte eines Musters an die Spiegelachse.
Lasse einen Partner oder eine Partnerin die andere Hälfte ergänzen.

Lösungen

1| Hast du richtig ergänzt? Klebe den Lösungs-Sticker ein und kontrolliere.

2| Es passt das letzte Spiegelbild.

Lösungs-Sticker

7

Richtig klasse!

Gut!

Könnte besser sein!

1| Lies die Wörter mit einem Spiegel. Ergänze das Spiegelbild.

HECKE

KOCH

OT

DIEB

BOCK

UH

ECHO

DICH

2| Lies die Spiegelschriftwörter mit einem Spiegel.
Schreibe die Wörter richtig auf.

FERIEN

SPIEGEL

MAUS

ZEBRA

BANANE

POLIZEI

Macht ein Spiegel-Standbild:
1. Du machst ein Standbild.
2. Ein Partner oder eine Partnerin spiegelt dein Standbild.
Probiert verschiedene Möglichkeiten aus. Wechselt die Rollen.

Lösungen

1| HECKE, KOCH, OTTO, DIEB, BOCK, UHU, ECHO, DICH

2| FERIEN, SPIEGEL, MAUS, ZEBRA, BANANE, POLIZEI

Richtig klasse! | Gut! | Könnte besser sein!

URKUNDE

HERZLICHEN GLÜCKWUNSCH!

DU HAST FLEISSIG GEOMETRIE GEÜBT!

Hast du die Sticker eingeklebt?
Dann zähle nach und trage ein.

So oft klebt der Sticker hier:

Richtig klasse!

Gut!

Könnte besser sein!

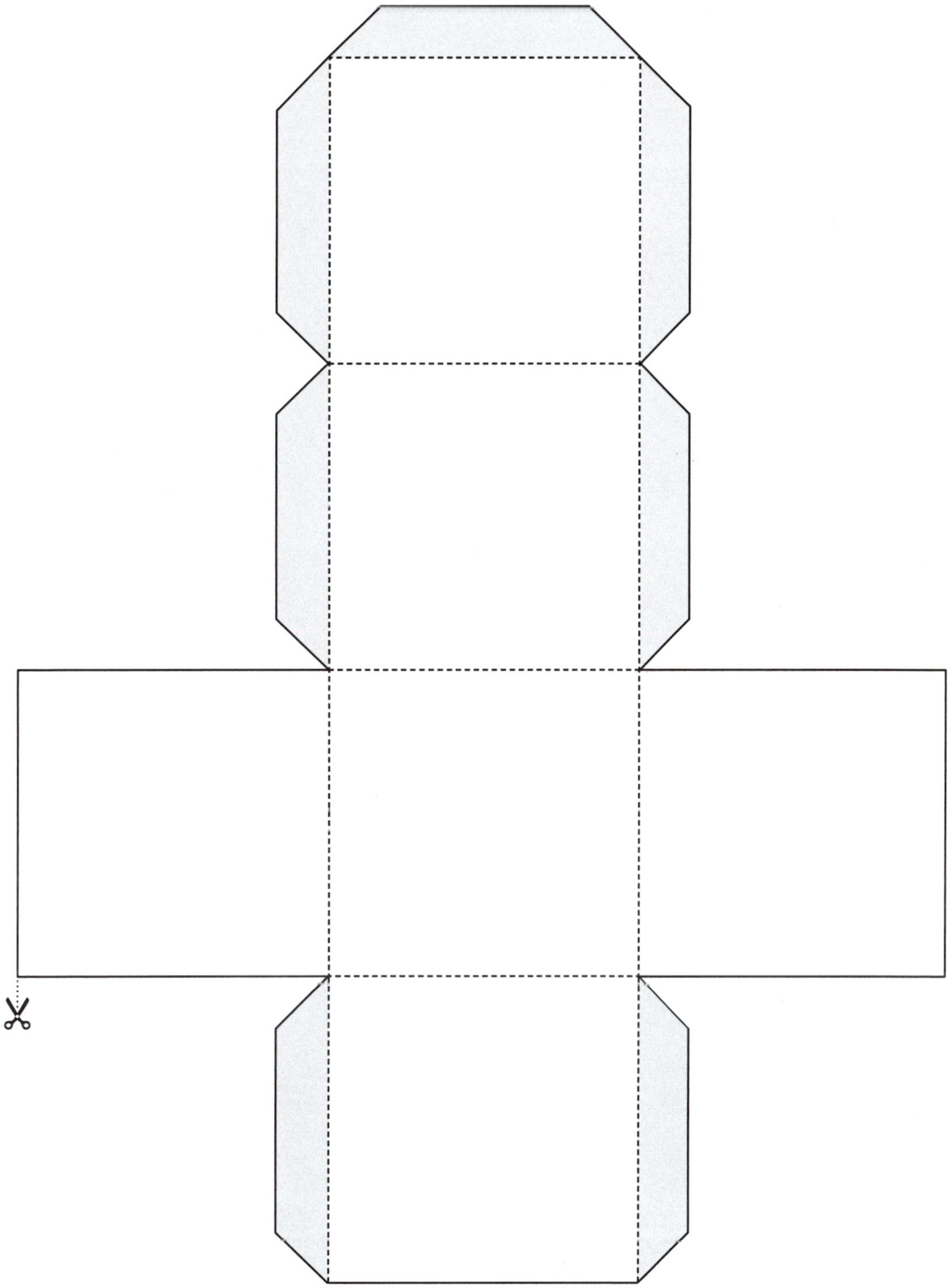

1. Schneide aus.
2. Falte an der gestrichelten Linie.
3. Klebe den Körper mithilfe der grauen Klebeflächen zusammen.

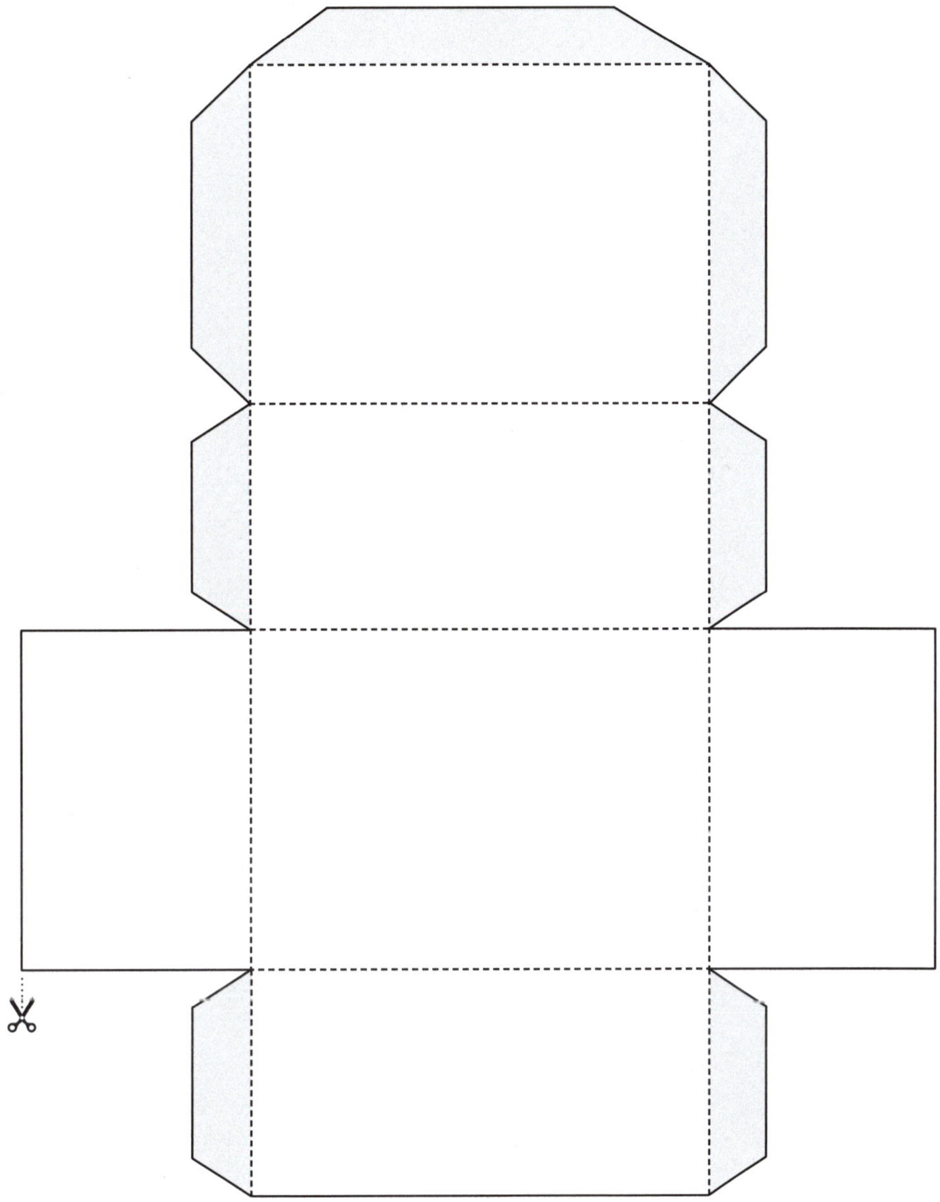

1. Schneide aus.
2. Falte an der gestrichelten Linie.
3. Klebe den Körper mithilfe der grauen Klebeflächen zusammen.

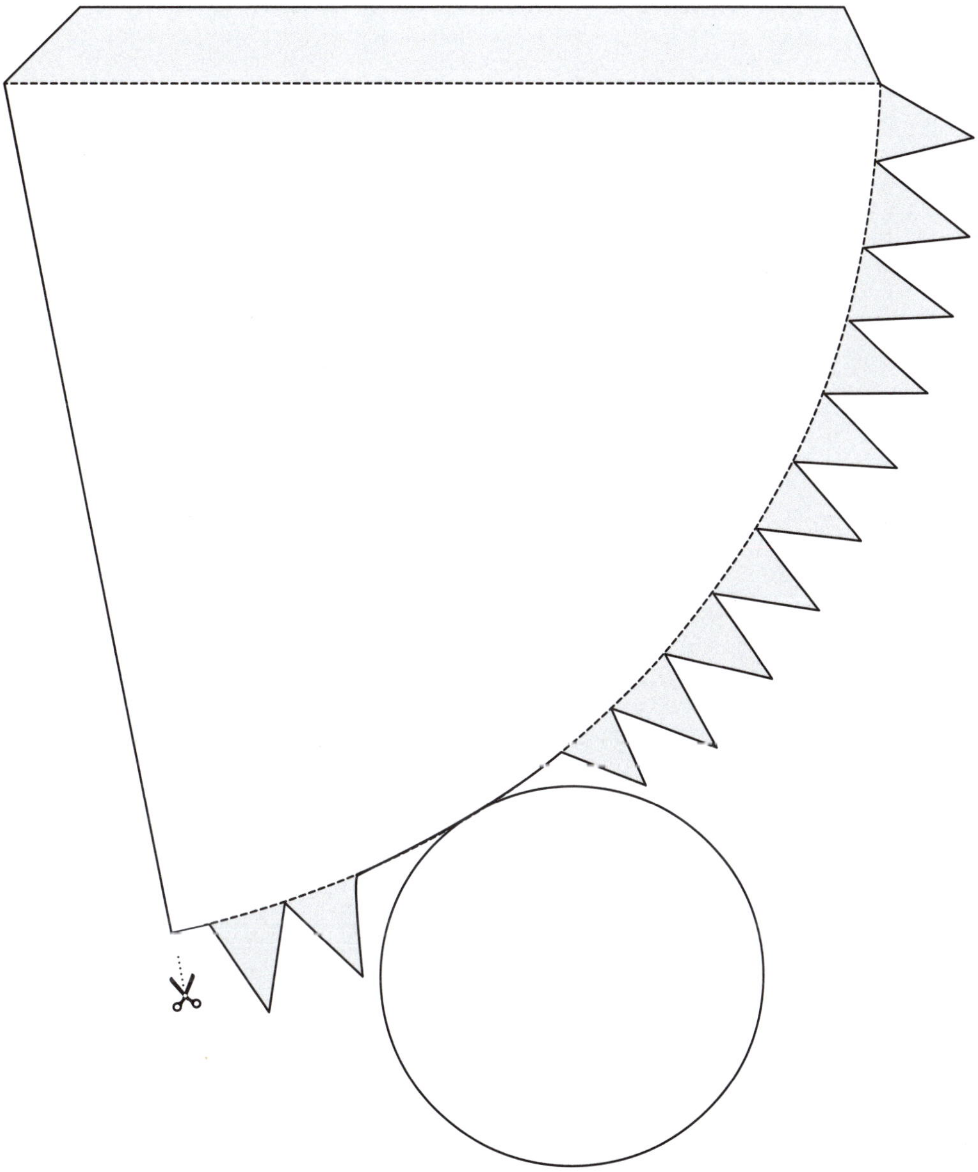

1. Schneide aus.
2. Falte an der gestrichelten Linie.
3. Klebe den Körper mithilfe der grauen Klebeflächen zusammen.

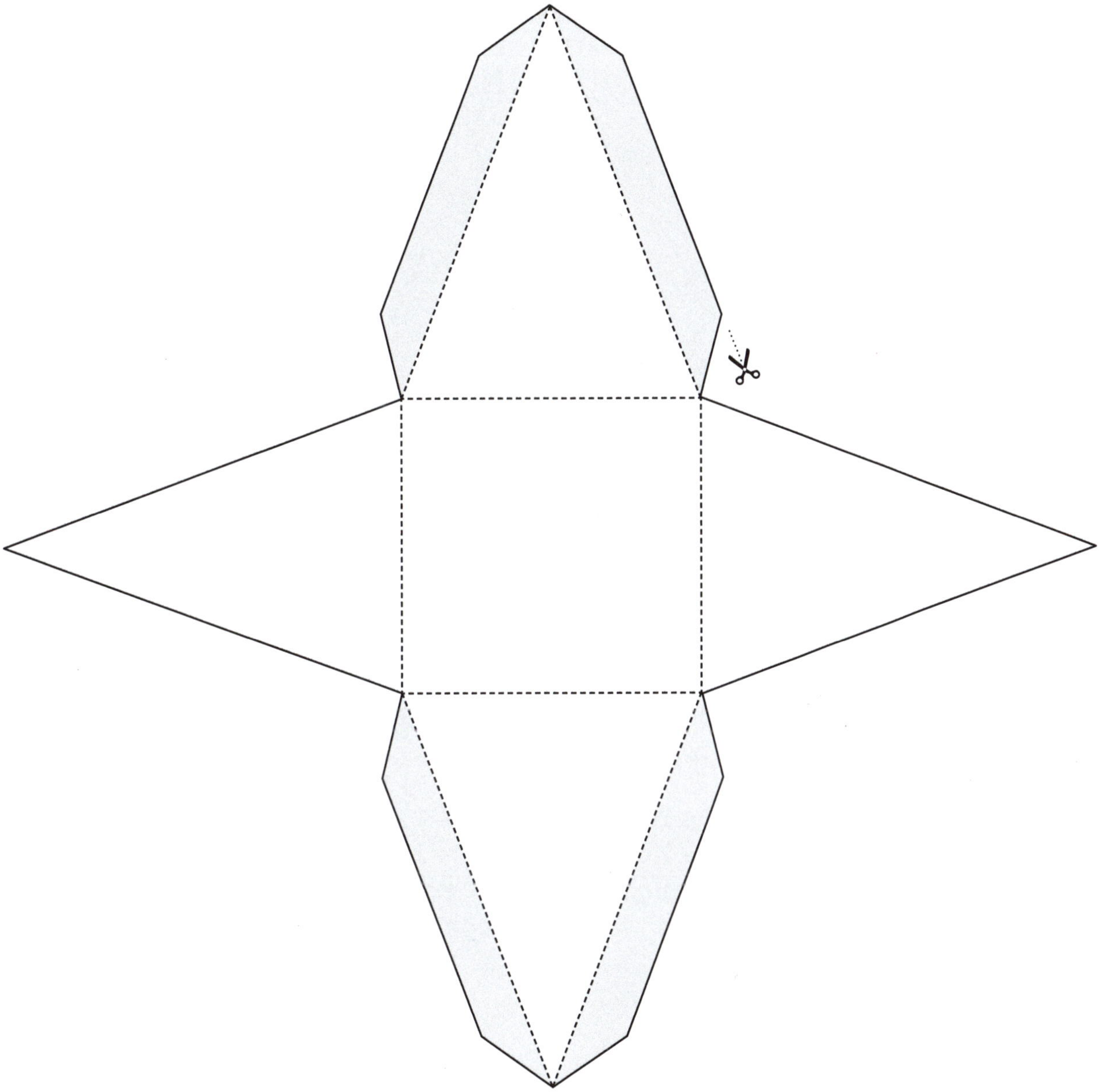

1. Schneide aus.
2. Falte an der gestrichelten Linie.
3. Klebe den Körper mithilfe der grauen Klebeflächen zusammen.

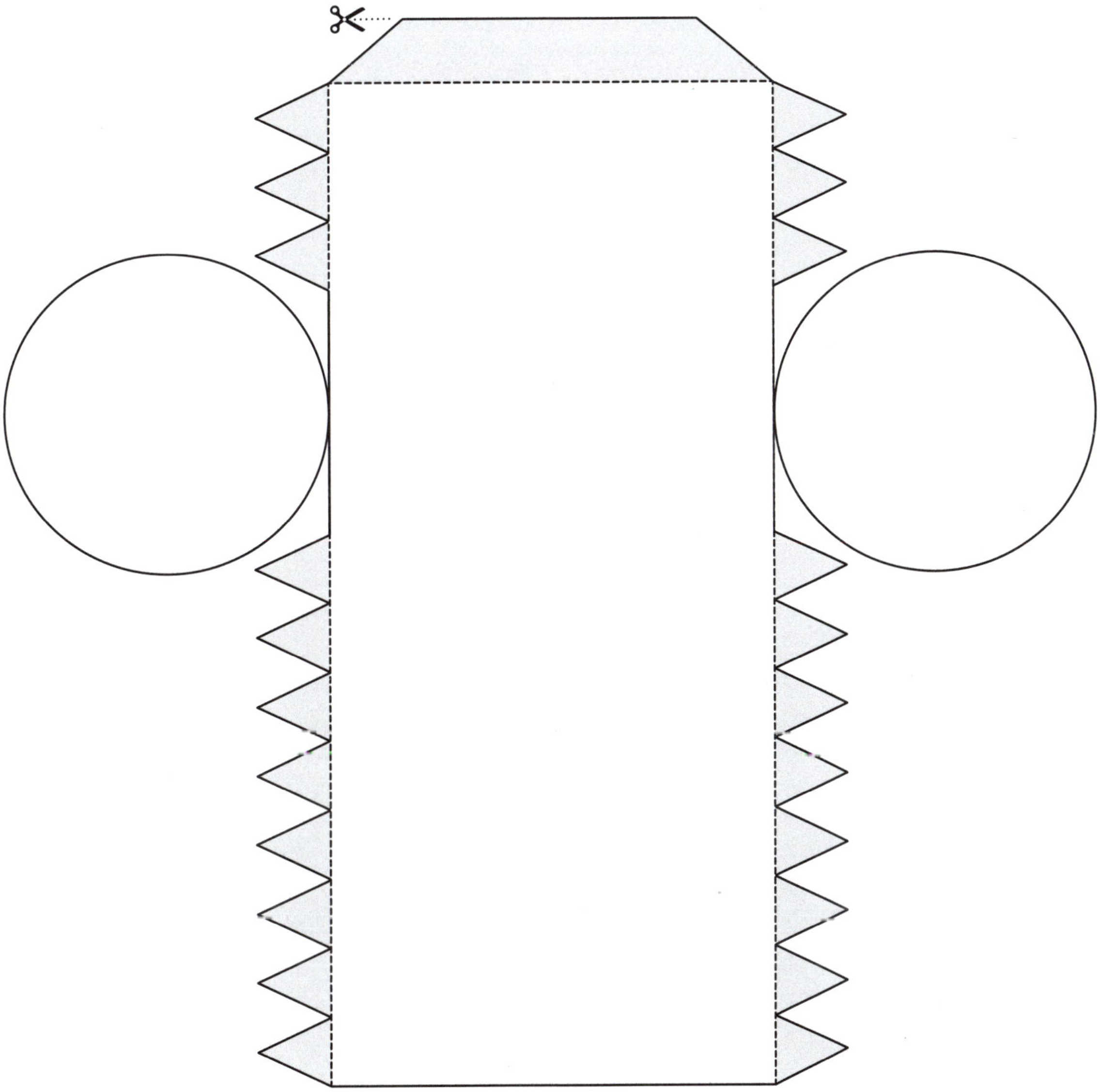

1. Schneide aus.
2. Falte an der gestrichelten Linie.
3. Klebe den Körper mithilfe der grauen Klebeflächen zusammen.